Idealist*innen

Fabian Jostmann

BookLeaf Publishing

Presentation by *BookLeaf Publishing*

Web: www.bookleafpub.com

E-mail: info@bookleafpub.com

ISBN: 9789357445405

First edition 2022

WIDMUNG

Für unsere Zukunft

Prio Nummer 1

Deep down muss es das doch geben
Das Gefühl, das einem sagt,
Dorthin werden wir jetzt gehen

Der kognitive Kollaps
Die Paralyse aller Gedanken
Kann mich weder rechts noch links bewegen

Wenn die Wahrheit aller mit der
Versuchung kämpft, dem Glauben,
Dass Menschen sich über Menschen erheben

Es fehlt unser Nordstern, das leitende Licht
Damit wir wieder und wieder nicht vergessen,
Jeder Mensch führt ein Menschenleben.

Welt, Wert und Geld

Heute kleide ich mich
In Konsum
Meinen Charakter
Trage ich nach außen
Adidas, Hilfiger, Gucci

Im Leben gewonnen
Sechs Porsche, Six Pack und Sex pur
Sozialen Wert
Kann ich nur kaufen
Respekt und Anerkennung für Geld

Mal nach Hause, in den Beton
Ich hör' sie husten
Ihren letzten Ton
Mutti stirbt und mit ihr meine Welt

2 Meinungen

Vier Füße auf selbem Boden
Gedanken im Austausch
Worte im Fluss

Das Wetter ist schön
Der Tante geht's gut
Smalltalk, ein leichter Genuss

Für wen stimmst du?
Wie kannst du nur?
Polittalk als Lavaerguss

Plötzliche Spaltung
Ein riesiger Graben
Verteidigungsmechanismus

Was soll ich noch sagen
Du bist mir nun fremd
Ich gehe lieber zu Fuß

zuhören

Wenig laut, eher leise
Schlichte Sprache viel verspricht
Voller wissen, sehr weise
Gold’nes Schweigen, bewahre dich

Normal 0

Nach mir die Sintflut,
Dachte seit Noah jeder Mann
Bis heute und morgen und dann

Im Patriarchat mit Regeln
Die Macht selbstgemacht
Selbstevident von Gott gebracht

Unter Tränen quälen
Wir uns den Schuh an,
Normal zu sein, ein Mann

Doch Männer weinen nicht
Sie sind keine Niete, keine Null
Normal und nicht schwul

Tränen, Weinen, Welle, Meer,
Wasser, -spiegel, -waage, fair?

Wir alle sind normal,
Richtig und gut
Mann muss nicht urteil'n,
Es braucht keinen Richter
Es gibt keine Skala,
Die Menschsein misst

Jede*r wird gehört, geliebt
Und gerettet
Gehört auf die Arche
Nicht weil’s re-produziert
Sondern weil's lebt und inspiriert

Alle
Auch du.

Apfelbaum

Nach Hause bleibt für immer
Der Ausdruck wo das Herz
Seine Heimat hat

So wie im Körper
Jede Vene Blut fördert
Wird es auch wieder eingefordert
Und strömt zurück
Richtung Zentrum

Nach Hause wo die Familie lebt
Mit Freund*innen essen geht
Sich Geschichten erzählt
Und der Gemeinschaft gesteht
Dass in der Ferne die Liebe lebt

Der Kern des Lebens
Wie beim Apfel
Wo Frucht und Fleisch süß schmeckt
Sich die Finger leckt
Nach der Sonne die das Obst reifte

Doch die Mitte, unermüdlich munter
Die wird wurzeln und wachsen
Fällt sie auf die Erde runter

Nährt sich von den Sommern der Vergangenheit
Der Zeit, die sich anfühlte wie Ewigkeit
Und lässt einen Stammbaum wachsen
Blatt für Blatt und Apfel für Apfel
Über Jahre und Zeiten hinweg

Und dann
Fällt der Apfel nicht weit vom Stamm
Findet Heimat und Gesellschaft
Wächst heran
Zum jungen Mann

Und zur nächsten Jahreszeit
Ist er so weit
Die weite Welt zu erkunden, umrunden

Bis der Kreislauf seine Blutbahn bemannt
Und das Leben wieder heimwärts fließt
Nach Hause wo das Herz seine Heimat hat

Freundschaft

Der Zufall ist engstirnig und resistent

Seine Meinung zu ändern oder nachzugeben
Dachte ich, als ich dich sah

Und unausweichlich im Gespräch verfangen
Auf verschiedenen Wegen zum selben Ort
gelangen
Zwei Menschen, zwei Meinungen, selber Klang
Plötzlich Freundschaft, ganz gemeinsam

Verbunden gar verwandt
Wende ich mich an dich
Der Vertraute, ein Richter
Für Rat und ruhelose Nächte

Was ich dir verschulde
Was mir fehlte, wenn ich dich nicht hätte
Das starke Glied in unserer Zweierkette
Einziger Antrieb um im Schweinsgalopp
In jedes Abenteuer zu stürzen
Und ohne Boxenstopp
Die Achterbahn des Lebens zu genießen

Der Zufall ist engstirnig und resistent

Seine Richtung zu ändern oder nachzugeben
Das Glück nicht beim Schopf zu greifen
Und ins Ausland zu reisen
Dem Leben zu beweisen
Wer dickköpfiger ist

Zwei Menschen, zwei Richtungen, selber Klang
Ein Remix aus Wimmern, Lachen und wann
geht dein Zug morgen?
Sorgen, wann wir uns wieder sehen.
Und dann werden wir sehen
Ob der Zufall engstirnig ist und resistent
Und erkennt, dass die Zeit uns zusammenführt
Ganz ungerührt was die Zukunft will.

Du bist und bleibst mein Freund
Einer, der das Wiedersehen nicht versäumt

Animal Crossing

Mit sprechenden Tieren
Auf einsamer Insel gestrandet.
Eher gelandet mit einem Flugzeug
Endziel Einsamkeit, ja Freiheit
Von Finanzen und unfairer Verteilung
Von Gütern, Waren und Güterwahn

Jetzt teile ich mir Land mit Wolf
Hahn und Elefant
Ein neues System eben nicht aus
Menschenhand
Händereichen heißt es trotzdem oder
Heißt es jetzt Pfoten- und Hufereichen?
Jedenfalls reichen die Ressourcen, um
Für alle ein Haus zu bauen und ehe
Wir uns versehen, da kannst du staunen
Sind aus Häusern Heimat und aus
Fremden Vertraute geworden
Geschafft! Können wir nun herausposaunen

Die Gesellschaft der kleinen Insel
Wie gemalt mit Pixel und Pinsel
Von Künstler*innenhand oder Pfote oder Huf
Darauf gebe ich jetzt Acht denn abgemacht

Ist, dass wir alle respektvoll miteinander
umgehen
Versuchen zu verstehen,
Dass jede*r andere Bedürfnisse hat

Auch die Wirtschaft ist hier ganz entspannt
Kein fluktuieren und spekulieren auf Aktien
Stattdessen Akazien beklettern und Rohstoffe
sammeln
Selbstgebaut ist die Devise, da brauchen wir
Auch keinen Amazonversand
Und so wird das Leben eine leere Leinwand
Spielwiese für den nun kreativen Verstand

Wir helfen uns ganz selbstverständlich
Die eine Hand wäscht die andere
Pfote oder den Huf ihr wisst schon
Ganz natürlich wird
Geliehen oder gemeinsam geschafft,
Was der eine jetzt braucht ist insgesamt
Ja dann für die gesamte Gemeinschaft gemacht

So natürlich, wie sich alles entwickelt,
Frage ich mich häufig, wie warst
Du darin verwickelt, dass damals
Vor dieser Insel alles anders war
Eben nicht gemeinsam und hilfst du mir?
Ja klar! es war eher gegeneinander
Die Ellbogen weit gespreizt, die Politik

Ganz genau weiß, dass der Kapitalismus
Die Natur überreizt und Ressourcen rar werden
Immer waren, und System-Verlierer*innen
Nicht mal Münzgeld gaben
So klein und knauserig war der Mann
Viel geiziger als mein Nachbar der Hahn

Das Menschsein lass ich nun hinter mir
Die Spezies hat alles verhökert
Alles Herz und Heiterkeit verkauft
Eingetauscht für Glotze, Karre und Kanonen
Erforscht das Klonen oder Drohnen, aber nicht,
Wie wir alle Menschen vor Hunger verschonen

Ich bleib bei meinen Nachbar*innen und
Lebe mein Leben mit all meinen Sinnen
gerichtet
Auf Glück und Freude und Freund*innen
Geh gemütlich meines Weges
Wehe ich will nochmal zurück
Stehe doch hier mit beiden Beinen
Auf festen Boden mit Gut und Glück

Fülle

Leben und Luft
Für die einfache Seele
Genügend, genug
Für einen, für viele

Die Kanne zieht weiter

Jeden Morgen heiße Magie
Aus deinem Bauch in meinen Magen
Du dampfst und pfeifst für Teegenuss

Der Mond jagt die Sonne,
Täglich graut es Tag
Dein Heißgetränk, meine Lebenslust

Nun endet dein Vertrag,
ich lass dich ziehen.
Teebeutel raus, weil du weiter musst

In stetem Trab, mustern die Massen
Tassen, Trödel und Teller
Meine Kanne präsentiert ihre polierte Brust

Hier hofft sie auf Heimat
Eine neues Zuhause
Schnell gefolgt vom Abschiedskuss

Der Mund weint, das Auge lacht
Ich werd' dich vermissen

Die Kanne stets pflichtbewusst

Potenzial

Sternensaat
Das Universum keimt
im klaren Kopf
Kerosin für Raketen,
Kein Antrieb für Träume

Brunnen der Brillanz
Bleibt unberührt bis
Die Quelle versiegt
Verstopft,
verloren geht

Teilweise

Vorurteile und verurteilen,
Mitteilen, wer nicht Teil
Des Großteils ist

Teilchen teilen wir nur,
Wenn du nicht das Gegenteil
Von uns bist

Dabei vergisst der Großteil,
Dass wie die Teilchen in uns
Wir Teil des großen Ganzen sind.

Nach vorne schauen

Ich sitze im Gras und bestaune
Die Fontäne, das Wasser, den Brunnen
Mit Mühe und Muße meißelten Meister
Moral in Mamor und konstruierten
Unser Verständnis von gestern
Im Gegenteil zu heute.

Die Geschichten der Antike
Wurden die Lehrerinnen der Moderne
Errichteten die Säulen der Erde
Und prägten die Pfeiler der Macht.

Statuen im Eisenguss gut für die Story
Ein Schnappschuss aus der Historie.
Da bringt mich der bronzene Reiter
Von hü auf hott und im Galopp
Frage ich mich, frage ich dich
Von welchen Vorbildern machen
Zukünftige Zivilisationen Bilder?
Was wird kopiert, ausgestellt, kuratiert?

Welches Denkmal sagt denn Stopp
Und denk mal darüber nach
Bei denen lag nach Feuern und Fluten

Alles brach, weil’ der Fokus bei Wahlen
Nie auf morgen lag.

R/evolution

Die kleinen Leute machen die Welt
Schuften und schaffen und scheffeln das Geld.
In Taschen derer, die alles haben
Sich selbst das Recht gaben
Die Welt zu machen, wie's ihnen gefällt

Die alte Elite hat ganz vergessen
Wer das Mahl kocht, dass sie essen
Mit Gift und Galle gekocht und geschöpft
Der Adel gestückelt oder geköpft.
Gleich und gerecht wird neu bemessen

Alle Leute machen die Welt
Wie sie passt und gefällt
Jetzt und heute und morgen
Jede*r freier von allen Sorgen

Peinlich

Mein Gegenüber erzählt von der Kindheit
Erinnerungen, Gefühle und Schmerz
Ihm ist's peinlich, er lacht, als wäre’s ein Scherz

Das erinnert mich an die unzähligen Male
Als ich mir peinlich war
Der queere Junge im Kindesalter

Kleine Füße steckten in weißen Pumps
Zu Weihnachten eine Kinderküche
Obwohl ich ein Junge war

Dann war’s mir peinlich, unansprechbar
Bitte erzähl es niemandem
Verlangte ich von mir selbst

Doch sie war immer da
Hat nur geliebt und nie gefordert
Dass ich jemand anders war

Ihr war es nie peinlich, dass ich wahrscheinlich
Nicht ganz meines Vaters Vorstellung
Eines Jungen war

Eigentlich ist peinlich nur eines anderen

Meinung zu deinem Charakter.
Für mich bist du immer mein Superstar

Weißes Privileg

Wann?
Wenn nicht dann,
Wenn es zählt,

Wenn ich wähl,
Wo der Kampf lohnt
Weiße Pflicht mich holt

Ich aushol und Rassismus bekämpf

1xGlück

Wenig mehrfach
Und mehr einfach
Wandelt Glück
In sein Vielfach

Urban Jungle von Katharina Sieverding

Outside of the window speckled with dirt
A woman leans against a balcony railing
White tanktop's ripped over a breast and sullied
Beige on white fabric
Cigarette dropping out of the corner of her tired mouth
Lighting an ember that
Flicks
Over the metal railing
Down
Onto concrete slabs and roofs

Grey on white on grey

A sole red brick chimney
Clawing its way
Out
Of the cement jungle
Desperately reaching up between wilting weeds
The sole survivor from a previous era

To be swallowed whole
By the unstoppable force
Of monotony.

www.ingramcontent.com/pod-product-compliance
Lightning Source LLC
Chambersburg PA
CBHW051757130826
49812CB00033B/1185
9789357445405